TERROR
EN LOS TRÓPICOS

Timothy J. Bradley

Consultores

Timothy Rasinski, Ph.D.
Kent State University

Lori Oczkus
Consultora de alfabetización

William B. Rice
Autor de Ciencias Naturales
y consultor

Basado en textos extraídos de
TIME For Kids. *TIME For Kids* y el logotipo
de *TIME For Kids* son marcas registradas
de TIME Inc. Utilizados bajo licencia.

Créditos de publicación

Dona Herweck Rice, *Jefa de redacción*
Conni Medina, *Directora editorial*
Lee Aucoin, *Directora creativa*
Jamey Acosta, *Editora principal*
Lexa Hoang, *Diseñadora*
Stephanie Reid, *Editora de fotografía*
Rane Anderson, *Autora colaboradora*
Rachelle Cracchiolo, *M.S.Ed.,*
    Editora comercial

Créditos de imágenes: pág. 40 Corbis; págs.
16–17, 20 (arriba), 49 (arriba) Getty Images;
págs.13 (arriba), 40–41, 50 iStockphoto; págs.
30–31 imagebroker/Jan Krimmer/Newscom;
pág. 41 (arriba) Evolve/Photoshot/Newscom;
p.49 (arriba) left Sybil Sassoon/Robert Harding/
Newscom; pág. 48 (abajo) Reuters/Newscom;
pág. 26 Newscom; pág. 52 ZUMA Press/
Newscom; págs. 34–35 Caters News Agency
Ltd/Newscom; pág 32 (abajo) Joubert, Beverly/
National Geographic Stock; pág. 37 (abajo)
Marent, Thomas/Minden Pictures/National
Geographic Stock; pág. 48 (arriba) Reynard,
Nicolas/National Geographic Stock; págs. 13
(arriba a la izquierda), 14, 15 (abajo), 17 (arriba),
23 (arriba), 34, 36, 49 (abajo a la izquierda), 49
(abajo a la derecha), 51 (abajo a la derecha)
Photo Researchers Inc.; pág. 13 (centro a la
derecha) Thinkstock; págs. 8–9, 28–29, 42–43,
51 (arriba) Timothy J. Bradley; Todas las demás
imágenes son de Shutterstock.

Teacher Created Materials

5301 Oceanus Drive
Huntington Beach, CA 92649-1030
http://www.tcmpub.com
ISBN 978-1-4333-7131-8

Tabla de contenido

guacamayos

Bienvenido a la jungla

l trópico puede parecer exuberante e incluso el paraíso, pero detrás de los árboles puede esconderse un mundo aterrador. Las serpientes se deslizan y se retuercen por las ramas sin hacer ruido. Los jaguares acechan a sus **presas,** esperando para atacar. Insectos tan pequeños como una hormiga pueden hacer una picadura **letal** lo suficientemente fuerte como para matar a un ser humano. Incluso las plantas están envenenadas para matar. Los que se atreven a viajar por el trópico deben vigilar sus pasos: la jungla es un lugar peligroso.

PARA PENSAR

→ ¿Cuáles son las criaturas más feroces del trópico?

→ ¿Son las criaturas más grandes las más mortales?

→ ¿Por qué podrían ser las plantas la mayor amenaza en la selva?

rana de árbol de ojos rojos

A pesar de los aparentes peligros la selva es un lugar donde la vida prospera. Más de la mitad de todas las **especies** de la Tierra viven en las selvas tropicales. La selva amazónica es el hogar de millones de especies. Las criaturas más exitosas pueden adaptarse a una amplia gama de situaciones. Aquellos que no pueden deben encontrar su **nicho**.

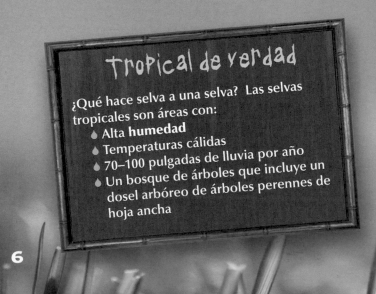

Tropical de verdad

¿Qué hace selva a una selva? Las selvas tropicales son áreas con:

- Alta **humedad**
- Temperaturas cálidas
- 70–100 pulgadas de lluvia por año
- Un bosque de árboles que incluye un dosel arbóreo de árboles perennes de hoja ancha

La mayoría de las especies de la selva aún no han sido nombradas o estudiadas científicamente.

Secretos de supervivencia

Muchas nuevas medicinas se han desarrollado después de descubrir plantas que solo se encuentran en la selva. Casi el 70 por ciento de las plantas contra el cáncer se encuentra en la selva tropical y todavía hay más por descubrir. Echa un vistazo a algunas de las plantas que ya están salvando vidas.

Planta de la selva	Uso médico
cinchona	el extracto se puede usar para prevenir la malaria
liana de curare	trata moretones y fiebres
árbol de cacao	los extractos pueden calmar los temores, la tos, los cortes y las contusiones
clavellina	trata las infecciones
chichigua	trata la sinusitis y las llagas causadas por algunos tipos de cáncer de piel
vincapervinca	se utilizan sus extractos para tratar un tipo de cáncer
sorosis	utilizada para tratar picaduras de garrapatas y piojos
achiote	sus extractos se usan para la protección contra el sol y los insectos que pican

Recorriendo los árboles

Un nicho es el lugar para vivir más apropiado para una criatura. El nicho perfecto proporciona todo lo que la criatura necesita para sobrevivir. Cada criatura tiene un lugar favorito como hogar. Algunos animales viven en el suelo del bosque. Otros viven sólo en las ramas de los árboles. Y algunos viven en las copas de los árboles más altos.

El dosel arbóreo es la capa principal de la selva. Las exuberantes hojas y ramas forman un techo sobre las capas inferiores. La comida en esta capa es abundante, por lo que muchos animales viven aquí. Esta capa es el hogar para las serpientes y los tucanes.

El sotobosque es el hogar para muchos de los insectos de la selva. Los jaguares y los leopardos también merodean por aquí. A esta capa llega muy poca luz solar. Las plantas tienen hojas anchas para obtener suficiente sol.

El estrato emergente puede alcanzar los 200 pies desde el suelo del bosque. Es la parte superior de la selva, así que aquí hay un montón de luz solar para la vida. Los árboles son perennes y tienen hojas anchas. Águilas, monos, murciélagos y mariposas hacen sus hogares aquí.

¡ALTO!
PIENSA...

¿Cómo cambian las capas de arriba a abajo?

¿Por qué crees que los animales más grandes viven en el suelo del bosque?

¿Qué sonidos crees que se pueden escuchar en las diferentes capas?

El suelo del bosque es tan oscuro como la noche. Hay poca vegetación. Las cosas se descomponen rápidamente aquí. Las plantas que normalmente tardan un año o más en descomponerse se pudren en unas pocas semanas. Los animales más grandes viven aquí, incluyendo el oso hormiguero gigante.

Plantas depredadoras

Las exuberantes plantas verdes de las selvas son famosas porque pueden ser algunas de las criaturas más mortíferas en el trópico. La mayoría de las plantas producen su propio alimento mediante la **fotosíntesis**. Obtienen los nutrientes del suelo. Sin embargo, algunas plantas son **carnívoras**. Se alimentan de insectos. Las plantas carnívoras crecen donde el suelo no tiene suficientes nutrientes. Alimentarse de insectos es una sabrosa manera que tienen las plantas de obtener los nutrientes que necesitan para sobrevivir. Pueden parecer bonitas, pero estas plantas son auténticos **depredadores**.

Trampas astutas

Las plantas carnívoras usan una variedad de métodos para conseguir atrapar delicias.

Trampas atrapamoscas

Los Insectos descansan en estas hojas y se encuentran con que sus pies están pegados, de la misma manera que las moscas se quedan adheridas al papel matamoscas.

Trampas insectívoras

Los insectos pueden pensar que han encontrado un poco de jugo dulce, pero al entrar a tomar un poco, caen dentro y no pueden salir.

Trampas de resorte

Estas hojas se cierran de golpe, atrapando a la presa en el interior antes de que pueda escapar.

Plantas jarra

Las plantas jarra sobreviven atrapando y alimentándose de insectos. Tienen hojas profundas y en forma de copa que se asemejan a jarras. Los colores brillantes y el sabroso **néctar** atraen a los insectos. Una vez que un insecto se mete, está atrapado. Las paredes interiores de las plantas insectívoras son tan suaves y resbaladizas como un tobogán. En la parte inferior se encuentra un charco de agua justo lo suficientemente profundo para que se ahogue un insecto. Entonces es el momento de que las **enzimas** de la planta digieran el insecto.

¿Mesa para dos?

La bromeliácea es una planta carnívora que actúa como un restaurante de barrio. Muchas criaturas se alimentan de los insectos atrapados en la trampa de la bromeliácea. Puedes encontrar a ranas, insectos y otros **artrópodos** recogiendo comida que captura la bromeliácea.

Hay plantas jarra de muchas formas y tamaños.

Droseras

Las hojas de la drosera están cubiertas con **zarcillos**. Su dulce líquido atrae a los insectos. Cuando un insecto se posa en las hojas de la drosera, queda atrapado por el líquido pegajoso. Las hojas se enrollan alrededor del insecto, cubriéndolo de pegamento. Lo que parecía ser un dulce manjar **asfixia** al insecto. Para digerir el insecto, la planta riza sus zarcillos.

⬇ Una drosera devora un neuróptero.

Dra. Drosera

Los científicos están estudiando los pegajosos fluidos de las plantas carnívoras. Contienen sustancias químicas potentes que se pueden utilizar para hacer nuevas medicinas.

Cuando la planta termina de digerir el insecto las hojas se desenrollan y sale el exoesqueleto del insecto.

Ataque acuático

Las plantas se alimentan de insectos bajo el agua también. El Utricularia es una planta carnívora que vive en el agua. Utiliza múltiples **vesículas** para aspirar pequeños insectos acuáticos.

Árboles urticantes

Algunas plantas buscan su próxima comida. Otras simplemente intentan defenderse, pero eso no las hace menos letales. Las selvas tropicales del este de Australia están cubiertas de árboles urticantes. Unos pelos muy pequeños cubren estos árboles **traicioneros**. Los pelos llevan una **toxina** que puede matar a animales y seres humanos. La inhalación de un solo cabello puede ser venenosa. Quienes sobreviven a tocar el árbol se encuentran con que el dolor puede durar meses.

Bienvenidos al vecindario

El árbol de ortiga es peligroso para los animales que no son originarios de Australia. Sin embargo, algunos insectos **autóctonos** se han adaptado. Pueden comer las hojas sin enfermarse.

Los insectos autóctonos pueden trepar a los árboles de ortiga con facilidad.

¡No tocar!

La hiedra venenosa es muy conocida por sus efectos. Aparece una intensa picazón en la piel que toca la planta. Con el tiempo pueden aparecer ampollas. A los excursionistas se les aconseja evitar las plantas de hiedra con tres hojas en un tallo.

 hiedra venenosa

El intenso picor de la hiedra venenosa lo causa la sustancia química urushiol. Esta sustancia provoca irritación severa en la piel.

Flores mortales

Hace casi 200 años los exploradores en la selva de Indonesia encontraron una flor de color rojizo-marrón. Con tres pies de ancho la *Rafflesia* es una de las flores más grandes del mundo. ¡Esta flor gigante puede llegar a pesar hasta 24 libras! Pero esta flor llamada flor monstruo solo prolifera unos pocos días al año. No tiene raíces, hojas o tallos. Es una planta **parásita** por lo que se une a otra planta para obtener su agua y sus nutrientes. Las selvas donde esta flor prospera están desapareciendo, por lo que esta flor es muy poco común.

La flor cadáver

La flor monstruo *Rafflesia* también se conoce como *flor cadáver*. Cuando florece, huele como un cuerpo muerto o carne podrida.

La flor *Rafflesia* tiene algunos de los pétalos más grandes del mundo.

Algunas personas tienen flores cadáver en su propiedad. Guardan las flores y cobran a los visitantes una cuota para verlas.

Las selvas tropicales cubren aproximadamente el 6 por ciento de la superficie terrestre pero producen el 40 por ciento del oxígeno del mundo.

El aro gigante es otro tipo de flor cadáver. Al igual que la *Rafflesia*, huele como un cuerpo muerto o carne podrida cuando florece, entre cada 5 y 15 años. Esta flor monstruo puede crecer hasta 12 pies de alto y pesar 170 libras. El olor atrae a las moscas y a otros insectos. Los insectos propagan las semillas de la planta, garantizando que los "muertos" volverán a la vida.

aro gigante

dragoneta

Petalos potentes

El *Dracunculus vulgaris* es otra flor apestosa. Sus muchos nombres advierten a todos que se mantengan alejados.

Informe de Precipitaciones

Las selvas *tropicales* son cálidas y húmedas. Caen entre 50 y 250 pulgadas de lluvia cada año en estos bosques. Se encuentran más cerca del ecuador. La temperatura rara vez desciende de los 64 °F. Con frecuencia está entre 70 °F y 90 °F. Las selvas tropicales *templadas* ocurren en áreas costeras húmedas. Son mucho más frías, rara vez por encima de los 80 °F. Allí caen entre 75 y 130 pulgadas de lluvia cada año. Echa un vistazo a la precipitación media de ciudades de todo el mundo.

1" El Cairo, Egipto

1.5" Death Valley, California

24" Ciudad del Cabo, Sudáfrica

26" Melbourne, Australia

28" Roma, Italia

39" Buenos Aires, Argentina

40" Seattle, Washington

48" Sídney, Australia

50" Atlanta, Georgia

63" Calcuta, India

80" promedio de todas las selvas tropicales

Animales hambrientos

El trópico puede estar lleno de vida, pero la muerte también se esconde entre estos árboles. Puede ser el ataque de un depredador o el resultado mortal del sistema de defensa de un animal. El **sigilo** y la fuerza, más algunos otros trucos ayudan a estos animales hambrientos a prosperar en el trópico.

Sonido envolvente

La selva puede ser un lugar denso, oscuro y ruidoso. Los animales tropicales tienden a comunicarse por el sonido y no por la vista.

monos →

águila
comiendo
un conejo

El águila es uno de los depredadores más importantes de casi todas las redes alimentarias tropicales. Algunos son tan fuertes que pueden matar a los monos.

Ranas venenosas de dardo

Estos pequeños anfibios no tienen por qué temer un ataque. Los colores brillantes advierten a los depredadores que se mantengan alejados. La piel de las ranas venenosas es un arma **potente**. ¡Algunas ranas tienen suficientes toxinas en su piel como para matar a 10 seres humanos! Los científicos creen que el veneno proviene de los insectos que comen las ranas.

En el pasado, los guerreros untaban sus flechas en el veneno de las ranas. Estos dardos mortales hacían su cena más fácil de atrapar. Hoy en día rara vez se utilizan las ranas de esta manera. De hecho, los científicos están buscando formas en las que puedan ayudar a la gente. Las ranas venenosas de dardo son peligrosas, pero las sustancias químicas que **secretan** pueden llevarnos a nuevos medicamentos. Muchas especies de ranas venenosas están en peligro de **extinción**, y sus hogares también se encuentran en riesgo.

Hay ranas venenosas de dardo en todo un arco iris de colores tóxicos.

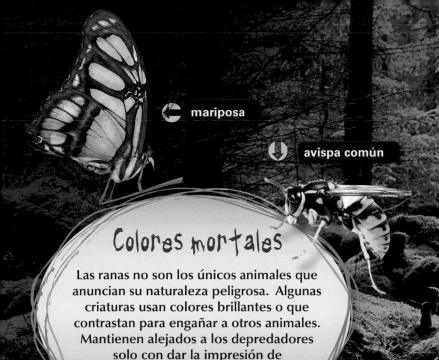

mariposa

avispa común

Colores mortales

Las ranas no son los únicos animales que anuncian su naturaleza peligrosa. Algunas criaturas usan colores brillantes o que contrastan para engañar a otros animales. Mantienen alejados a los depredadores solo con dar la impresión de ser venenosas.

mofeta

¡La toxina de una rana dardo dorada es lo suficientemente potente como para matar a 20,000 ratones!

Jaguares

¡Chomp! El jaguar tiene la mordedura más fuerte de todos los grandes felinos. Está como pez en el agua ya sea cazando en el suelo o en los árboles. A diferencia de la mayoría de los gatos, el jaguar parece disfrutar de la natación. Se encuentra a menudo cerca del agua donde puede comer peces o tortugas. En tierra, se alimenta de venados y otros mamíferos. En lugar de morder el cuello de una presa grande, el jaguar muerde a través del cráneo de su presa. Después de la matanza, se esconde para comer.

Guerreros felinos

Un grupo de élite de guerreros **aztecas** eran conocidos como los *guerreros jaguar*. Para convertirse en miembro, los soldados tenían que capturar al menos a cuatro enemigos durante la batalla. Cuando se unían a la fuerza estos guerreros usaban pieles de jaguar en la batalla.

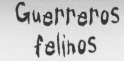

Un hombre moderno honra las antiguas tradiciones del guerrero jaguar con el uso de pieles y tambores.

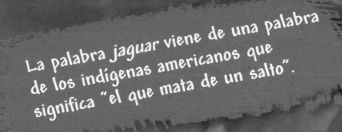

La palabra jaguar viene de una palabra de los indígenas americanos que significa "el que mata de un salto".

Manchas especiales

El jaguar es conocido por sus manchas negras. La mayoría de los jaguares son de color canela o naranja y las manchas son fáciles de ver. Sin embargo, ¡algunos jaguares son tan oscuros que es difícil ver sus manchas!

Detalles diversos

Los científicos creen que han estudiado menos del 1 por ciento de las especies de la selva, así que hay mucho que no sabemos. Una cosa que sí sabemos es que la selva es **diversa**. La selva es el hogar de *millones* de especies. ¿Qué hace a la selva tan especial? ¡Las teorías de los científicos son tan diversas como la selva!

Teoría 1

Las selvas tropicales cubren mucho terreno. Eso quiere decir que hay un montón de espacio para que las diferentes especies encuentren un lugar que les vaya bien.

¿Cuántas?

¿Es un millón un número difícil de imaginar? Piénsalo de esta manera: en una noche sin luna, lejos de las luces de la gran ciudad se pueden ver entre 2,000 y 6,000 estrellas. Ahora compara eso con los millones de especies que existen en la selva tropical. Las estrellas representan solo una pequeña fracción de las especies de la selva tropical. ¡De cualquier forma que se mire, un millón es mucho!

Teoría 2

El bosque es el hogar de muchos hábitats diferentes. Algunas criaturas encuentran su nicho en el dosel arbóreo. Otras prefieren el estrato emergente.

Teoría 3

Las selvas tropicales son algunos de los lugares más antiguos de la Tierra, así que las plantas y los animales han tenido más tiempo para evolucionar.

Teoría 4

Las temperaturas cálidas, húmedas y constantes hacen de las selvas tropicales un lugar acogedor para muchas especies. Los animales pueden estar más **especializados**, comiendo solo un tipo de alimento que saben que estará disponible todo el año.

La araña armada es una araña **agresiva** que es un peligro para todos los seres vivos. Caza en el suelo del bosque por la noche. Durante el día se esconde allí donde se encuentre, ya sea en el bosque o en otros lugares. Se la puede encontrar escondida en las hojas de las plantas y bajo troncos caídos. Incluso se encontró una de ellas en una caja de plátanos en un supermercado.

Esta araña se puede ocultar, pero no corre. Cuando se siente amenazada se pone de pie sobre sus patas traseras. Sostiene sus patas delanteras en alto como un boxeador y las mueve de un lado a otro. Esta postura muestra sus enormes colmillos y las llamativas manchas de su abdomen. El **veneno** tóxico de la araña puede causar **parálisis** y dolor intenso.

Una telaraña de miedo

La aracnofobia es el miedo a las arañas. Los seres humanos son casi 100 veces más grandes que las arañas, pero muchas personas tienen miedo de estas criaturas horripilantes. La aracnofobia es uno de los miedos más comunes en el mundo.

En 2010 el *Libro Guinness de los récords mundiales* nombró a la araña armada la araña más venenosa del mundo.

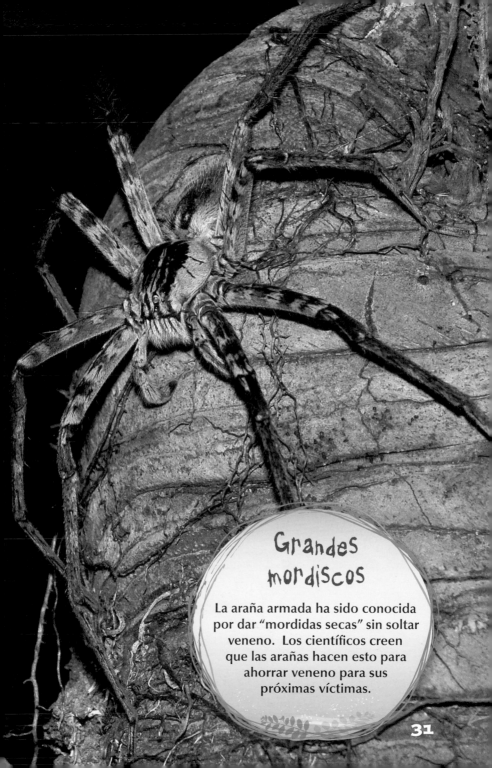

Grandes mordiscos

La araña armada ha sido conocida por dar "mordidas secas" sin soltar veneno. Los científicos creen que las arañas hacen esto para ahorrar veneno para sus próximas víctimas.

Pitones

Exprimir. Aplastar. Matar. Una pitón no tiene veneno, por lo que **acecha** a sus presas. Espera con paciencia hasta que la presa se acerca. Las manchas doradas y marrones **camuflan** a la serpiente y aseguran un ataque sorpresa. Una vez que está a su alcance la pitón ataca. Sus dientes en punta y curvados hacia atrás sujetan a la presa. Envuelve al animal con su cuerpo y aprieta hasta que la presa no puede respirar. La mandíbula inferior se separa en dos mitades para poder agarrar toda la comida. Se sabe que las pitones de gran tamaño han matado a presas tan grandes como un antílope.

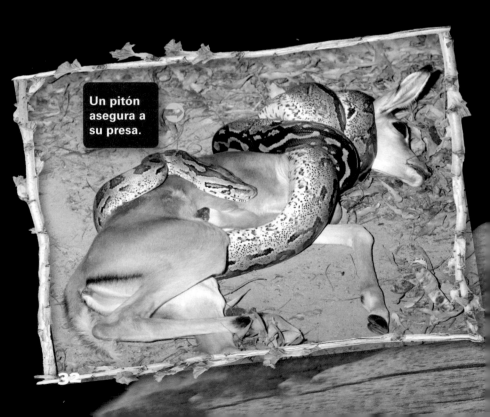

Un pitón asegura a su presa.

Las pitones tienen escamas especiales en sus labios que les permiten detectar el calor—o el alimento caliente.

Sanguijuelas

Este gusano segmentado se alimenta de la sangre de otros animales. La sanguijuela inyecta una **anestesia** al picar la piel del huésped. Esto **entumece** la zona. Otra sustancia química diluye la sangre para que sea fácil de sorber. Si una sanguijuela entra en la boca o la nariz de un animal, puede bloquear el aire y matarlo fácilmente.

La sanguijuela T. rex se encuentra en las zonas más remotas de la Amazonia. Al igual que su tocayo, el dinosaurio T. rex, tiene dientes muy grandes. Pero sólo crece hasta tres pulgadas de largo, lo que facilita que se cuele en las aberturas del cuerpo como los oídos, la nariz y la boca.

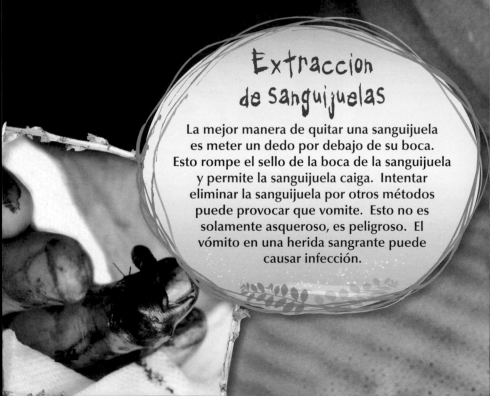

Extracción de sanguijuelas

La mejor manera de quitar una sanguijuela es meter un dedo por debajo de su boca. Esto rompe el sello de la boca de la sanguijuela y permite la sanguijuela caiga. Intentar eliminar la sanguijuela por otros métodos puede provocar que vomite. Esto no es solamente asqueroso, es peligroso. El vómito en una herida sangrante puede causar infección.

Boca de sanguijuela T. rex

Medicina sangrienta

Hace miles de años las sanguijuelas se utilizaban para las **sangrías**. Los médicos drenaban la sangre del paciente esperando que su salud mejorase. Las sanguijuelas se siguen utilizando hoy en día en el quirófano. Poniéndolas cerca de una herida se puede evitar que el exceso de sangre dañe la zona.

De noche

Está negro como boca de lobo. Un murciélago grita. Una cálida brisa trae un extraño olor a la nariz. Con tus gafas de visión nocturna ves un par de ojos muy grandes mirándote. Parecen hambrientos. Así es la selva por la noche, los sonidos pueden dar miedo. Sigue leyendo para aprender más sobre algunos animales **nocturnos** muy ruidosos.

Indri

El lémur indri es un animal nocturno que emite un extraño sonido que le recuerda a la gente al canto de la ballena. Su llamada se puede escuchar a más de una milla de distancia. Hace un ruido de ladridos cuando detecta peligro. También se ha informado de sonidos de besos.

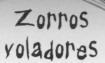

Zorros voladores

Entre fuertes gritos y llamadas, los zorros voladores vuelan por la selva de noche. A diferencia de otros murciélagos con problemas de visión los zorros voladores tienen una vista excelente. Les encanta comer fruta. Tienen largas lenguas para comer polen y flores. Y usan sus lenguas para asearse. Durante el día cuelgan boca abajo de las copas de los árboles.

Jabalíes barbudos

Se puede escuchar a estos jabalíes cuando excavan en la tierra en busca de fruta, gusanos y raíces para comer. Estos cerditos pueden llegar a pesar más de 200 libras. La cola y los colmillos pueden crecer hasta las 10 pulgadas de largo. Su nombre es debido a los bigotes amarillos que crecen en su nariz y sus mejillas. En los machos la barba esconde verrugas. Estos cerdos son principalmente activos por el día pero los grupos grandes buscan fruta por la noche. Las manadas en marcha dejan atrás caminos anchos en el suelo del bosque.

Pirañas

Las pirañas son feroces depredadores que cruzan los ríos de la selva en busca de su próxima comida. Su principal arma es una gran mandíbula llena de dientes afilados, perfecta para agarrar un bocado para comer. Las pirañas cazan en grupos grandes, pero no les importa **alimentarse de carroña**. Limpian los desechos de otros organismos, pero eso no es todo lo que comen. Son **omnívoros** que comen tanto carne como plantas.

Los científicos están aprendiendo a traducir sus sonidos, parecidos al de un ladrido. Parece que los gruñidos repetidos dicen "aléjate de mí". Un ladrido bajo se utiliza para decir: "vamos a pelear". Las pirañas utilizan un tercer sonido para advertir a otros peces, "¡ahora estoy muy enfadada!" Las pirañas hacen un sonido silencioso pero mortal rechinando sus dientes.

¿La mascota perfecta?

Algunas personas tienen pirañas como mascotas en acuarios en su casa. Deben tener más de dos pirañas en su pecera y mantenerlas siempre alimentadas. Solo atacan cuando tienen hambre.

Hay más de 60 especies de pirañas, pero sólo 2 ó 3 son peligrosas para los seres humanos.

¡Megapiraña!

Hace millones de años las pirañas eran mucho más grandes que los peces de hoy de 6 a 10 pulgadas. Hace mucho tiempo crecían hasta los tres pies de largo. Estas megapirañas tenían tres dientes muy grandes y puntiagudos en una boca llena de dientes afilados.

Boomslangs

La boomslang es una gran serpiente venenosa que se encuentra en las selvas tropicales de África. Puede alcanzar hasta seis metros de largo y tiene los ojos grandes y oscuros. Las que tienen escamas verdes se mezclan perfectamente con el entorno donde pasan la mayor parte de su tiempo: en las copa de los árboles. Se ciernen sobre el suelo, en busca de su próxima comida. Se alimentan de reptiles y aves.

A diferencia de la mayoría de las otras serpientes, los colmillos de la boomslang se encuentran en la parte posterior de la mandíbula. Una sola picadura de esta serpiente puede ser mortal para los humanos. El veneno impide que la sangre de la víctima circule. La víctima puede no saber que la serpiente le ha inyectado veneno en la picadura. Pero sin tratamiento, la víctima puede morir desangrada.

Si está inquieta, la boomslang infla el cuello hasta dos veces su tamaño normal justo antes de atacar.

Una Picadura Seria

Puede que pase un día antes de que las víctimas se den cuenta de que una boomslang las ha mordido. Estos son los síntomas a tener en cuenta.

- La sangre en la saliva, la orina o el vómito nunca es algo bueno.

- La piel con moretones o azulada puede deberse a que la sangre se está acumulando en el cuerpo.

- Ver un tono amarillo puede ser un signo de sangrado en los ojos.

Escoja su veneno

Muchas criaturas usan venenos para matar a sus víctimas. Un animal venenoso tiene toxinas en su piel. Estas toxinas se activan si se toca el animal o se come. Un animal venenoso inyecta su toxina. Hay una amplia variedad de toxinas. La mayoría se dividen en las cuatro categorías siguientes.

Venenos neurotóxicos

Neuro es una palabra griega que significa "nervio". Estos venenos actúan sobre el sistema nervioso y el cerebro.

Miotoxinas

Myo es un prefijo que significa que algo está relacionado con los músculos. Estas toxinas descomponen los músculos, incluido el corazón.

Una picadura en un brazo o una pierna es generalmente menos dañina que una en la cabeza o en la parte central del cuerpo.

Venenos hemotóxicos

Hemo es una palabra griega que significa "sangre". Estas toxinas corroen las células de la sangre y evitan que la sangre se coagule. Esto hace que sea fácil que una víctima sangre hasta su muerte.

Necrotoxinas

Necro significa "muerte" en griego. Estas toxinas mortales matan células de la piel y otros tejidos vivos cerca del lugar de la picadura.

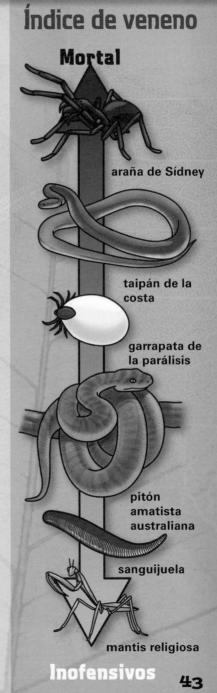

Mortal

araña de Sídney

taipán de la costa

garrapata de la parálisis

pitón amatista australiana

sanguijuela

mantis religiosa

Inofensivos

Gaviales

¿Es eso un cocodrilo devorador de hombres bajo la superficie del agua? No, es un gavial, un pariente cercano del cocodrilo. Con una larga boca llena de dientes afilados, muchos consideran a los gaviales peligrosos. El hallazgo de joyas en sus vientres parece ser la prueba de que los gaviales comen hombres. Pero lo más probable es que hayan comido seres humanos que ya estaban muertos y enterrados en el río. No son tan peligrosos después de todo.

En la década de 1970 los gaviales estaban casi extintos. Hay programas en la India y Nepal que intentan criar y conservar estas antiguas criaturas. En la actualidad solo quedan alrededor de 200.

¿Qué hay en el nombre?

Una gran protuberancia en el extremo de la nariz de los machos da su nombre a los gaviales. *Ghara* es la palabra en hindi para "olla", pues se asemeja a la forma de la protuberancia. Esta gran protuberancia atrae a las hembras y **amplifica** los sonidos.

Los gaviales hacen ruidos de zumbido al comunicarse.

Tirando por lo bajo

El gavial tiene una boca estrecha llena de afilados dientes que son perfectos para la captura de peces pequeños. El gavial es rápido en el agua, pero en la tierra sólo puede arrastrarse lentamente sobre su vientre.

Varano arborícola

El varano arborícola puede parecer delicado, pero es uno de los lagartos más grandes del planeta. Puede llegar a medir 6 pies de longitud y pesar 45 libras. El varano arborícola busca su próxima comida en las ramas de los árboles. Caza insectos, pequeños mamíferos y aves en la selva australiana. Puede ser un carroñero cuando se encuentra con un **cadáver**. Las mordeduras del varano arborícola son dolorosas y causan mucho sangrado. Los científicos creen que el sangrado es el resultado de las bacterias que entran en la herida. Pero también hay cierta evidencia de que su mordedura puede ser venenosa.

Anolis evermanni

Los varanos arborícolas muestran inteligencia en la naturaleza y en **cautiverio**. Cooperan con otros varanos arborícolas cuando asaltan y roban un nido de huevos. Pueden distinguir números y parecen reconocer a sus cuidadores en cautiverio.

¡Te veo!

Los varanos arborícolas tienden a ponerse en pie sobre sus patas traseras, observando. Cuando hacen esto, parece como si estuvieran observando su entorno. Por esto se les llama monitor lizard ("lagarto vigilante" en inglés).

Tradiciones tribales

Los animales y las plantas no son las únicas criaturas que viven en la selva. Las tribus autóctonas han vivido en la selva desde hace miles de años. Usan las plantas para curar enfermedades y cazan para alimentarse, pero también cultivan. Usan utensilios de metal. Viajan a las ciudades para comprar y vender en los mercados. Algunos quieren vivir de una manera más moderna. Pero otros trabajan para preservar sus viejas tradiciones.

El pueblo jaguar

En el río Yavarí en Brasil, hay una tribu de indígenas que no había tenido contacto con el mundo exterior hasta 1976. La gente se refiere a veces a los indígenas matis como el pueblo del jaguar. Se tatúan las mejillas con bigotes para parecer jaguares.

Los huli

La tribu huli ha estado viviendo en Papúa Nueva Guinea durante mil años. No tuvieron contacto con los europeos hasta 1936. Los hombres y las mujeres viven en áreas separadas. Los hombres son excelentes cazadores. Y las mujeres son expertas agricultoras. Ambos grupos trabajan para mantener a la tribu sana y bien alimentada.

La tribu mentawai

La tribu mentawai vive en un pequeño grupo de islas cerca de Sumatra Occidental. Muchos miembros de la tribu se han mudado a la ciudad. Sin embargo, algunos se han quedado para seguir las viejas costumbres. Usan tatuajes y afilan sus dientes para parecer más elegantes.

Casuarios

¡Los exploradores deben tener cuidado con el casuario! Este pájaro colorido está armado con un arma letal. Y no tiene miedo de utilizarla. Tiene una garra como una larga daga en su dedo medio. Cada garra es capaz de causar heridas graves. En la naturaleza esta ave se protege a sí misma y a sus polluelos. En cautiverio puede atacar a los seres humanos que la alimentan. Una excelente vista le permite ver en los rincones oscuros de la selva tropical.

Estas aves son **solitarias** la mayor parte del año. Pero cuando dos aves se encuentran sacan las garras. Se ponen más erguidas, sacuden sus plumas y ......han hasta que una de ellas se marcha. Solo pasan tiempo juntas durante la época de apareamiento. No hay muchos casuarios en su hábitat natural. Están amenazados por los perros y los cerdos **salvajes**, los cazadores y las personas que entran en sus territorios.

Primer plano de un casco

El **casco** está en la parte superior de la cabeza del casuario. Tiene una capa exterior dura y un interior algo firme similar a la espuma. Los científicos creen que el casco protege la cabeza del ave cuando se abre camino a través del bosque. También se puede utilizar como una pala para encontrar alimento en el suelo. El tamaño del casco puede ser un signo de edad y estado.

Aves grandes

El casuario es una de las aves más grandes del mundo. Observa cómo es de grande comparado con estos otros gigantes.

Moa (extinto)	Avestruz	Casuario
10 a 12 pies de altura	de 5.7 a 9 pies de altura	de 4.0 a 5.5 pies de altura
hasta 510 libras	hasta 280 libras	hasta 128 libras

Los casuarios ponen huevos verdes.

garra de casuario

Escorpiones de los bosques

Los escorpiones se pueden encontrar en cuevas y en praderas del trópico. Los escorpiones de las selvas se encuentran a menudo en árboles huecos. También cavan sus propias madrigueras en el oscuro suelo del bosque. Son capaces de detectar pequeñas vibraciones en el suelo y saben exactamente cuándo atacar para tomar su próxima comida. Cuentan con **tenazas** para aplastar y cortar a su presa. Al igual que otros escorpiones, tienen un aguijón afilado. Se comen a la presa viva, y el proceso puede durar horas. Usan su aguijón para matar a la presa que se defiende. Estos diablillos tropicales cazan de noche.

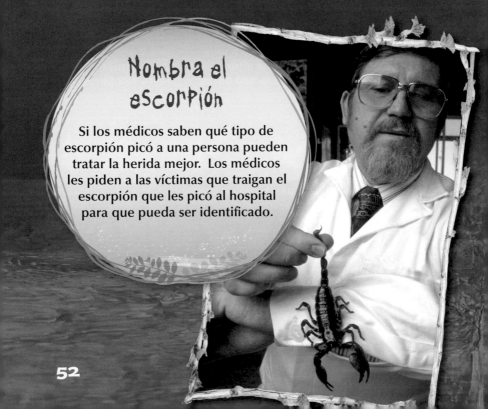

Nombra el escorpión

Si los médicos saben qué tipo de escorpión picó a una persona pueden tratar la herida mejor. Los médicos les piden a las víctimas que traigan el escorpión que les picó al hospital para que pueda ser identificado.

El rey Escorpión

Con siete pulgadas de largo, el escorpión emperador es el escorpión más grande del mundo. El escorpión emperador vive en las selvas africanas.

Gira mundial

Los bosques tropicales se encuentran cercanos al ecuador. La temperatura en los bosques es similar a la de las costas. Los más gandes se encuentran a lo largo de la costa del Pacífico en Norte América.

■ Templado

■ Tropical

Norteamérica

El bosque templado del Pacífico de Norteamérica es el mayor bosque lluvioso templado de la Tierra. Es el hogar de muchos osos.

Sudamérica

Visite los bosques nubosos de Monteverde, Costa Rica, para ver una impresionante variedad de mamíferos, aves, insectos y plantas.

La selva amazónica es la mayor selva tropical. El famoso río Amazonas fluye a través de ella. Es el río más largo del mundo.

Hay muchas selvas en el continente africano. En las densas selvas de África central se pueden ver los gorilas y los chimpancés.

El clima en las selvas del sudeste asiático es cálido y húmedo durante todo el año. Los antiguos árboles dipterocarpáceas que allí se encuentran son el hogar de las abejas sin aguijón.

Europa

Asia

África

Ecuador

Los bosques lluviosos del Gondwana de Australia oriental tienen tanto zonas cálidas subtropicales como zonas templadas y frías. Es el hogar de muchos árboles prehistóricos, plantas y animales.

55

Cada vez menos selva

El trópico está lleno de criaturas peligrosas. Pero puede que las criaturas más peligrosas sean los seres humanos. Estos animales feroces están matando a más criaturas de la selva que los jaguares y anacondas juntos. Los seres humanos están entrando en la selva. Los bosques están siendo talados por su madera y para la agricultura. Los hábitats tropicales están desapareciendo rápidamente. Y las criaturas y las plantas que viven en estas áreas están siendo destruidas. Más de 100 especies de la selva se extinguen cada día. ¿Aprenderán los seres humanos a compartir la selva con otros animales? Sólo si los seres humanos deciden que vale la pena.

La extinción es para siempre

Extinción significa que todos los animales de una especie han muerto. No hay más animales de esa especie vivos en la Tierra y no hay manera de traerlos de vuelta. La extinción puede ser causada por el cambio climático, la enfermedad o incluso el impacto de un meteoro desde el espacio. Los seres humanos también causan la extinción debido a la deforestación, la caza y la introducción de nuevos depredadores y enfermedades.

> ¿Queremos un planeta que solo esté lleno de osos panda y pinos? La pérdida de cualquier especie hará de este planeta un lugar más sombrío y desolado.

—Douglas Adams, escritor

tierra quemada y despoblada en la selva

Glosario

acecha: ataca por sorpresa

agresiva: que ataca con facilidad

alimentarse de carroña: alimentarse de animales muertos

amplifica: aumenta el sonido

anestesia: producto químico que evita el dolor

aracnofobia: miedo a las arañas

artrópodos: que viven o crecen en una zona de forma natural

asfixia: impide respirar

autóctonos: que vive o crece en una zona de forma natural

aztecas: relativos a una civilización antigua que prosperó en la zona del actual México

cadáver: cuerpo muerto de un animal

camuflan: mimetizan al animal con su entorno como un disfraz

carnívoras: que consumen carne para producir energía

casco: crecimiento en la cabeza de una criatura

cautiverio: hecho de permanecer en un lugar, como un zoológico, y no poder salir ni ser libre

depredadores: animales que sobreviven matando y alimentándose de otros

diversa: variada

entumece: reduce la percepción por lo que no se siente dolor físico

enzimas: sustancias que posibilitan una reacción química

especializados: diseñados con un fin concreto

especies: tipos concretos de animales; categorías de los seres vivos formadas por individuos emparentados que pueden reproducirse

evolucionar: desarrollarse lentamente hasta alcanzar más complejidad

extinción: desaparición total de un organismo de la Tierra

fotosíntesis: proceso en el que se fabrica energía a partir de la luz solar

humedad: grado de hidratación del aire

letal: mortífero

néctar: líquido dulce que producen las plantas

nicho: lugar donde una criatura vive mejor, porque cuenta con los elementos necesarios para su supervivencia

nocturnos: activos de noche

omnívoros: criaturas que comen plantas y animales para producir energía

parálisis: hecho de ser incapaz de moverse

parásita: que obtiene alimento o protección de otra criatura

potente: muy eficaz o fuerte

presas: animales que son consumidos por otros para ganar energía

salvajes: silvestres

sangrías: práctica médica que consiste en extraer sangre al paciente

secretan: producen y liberan una sustancia

sigilo: hecho de hacer algo en secreto sin ser detectado

solitarias: solas

tenazas: pinzas delanteras de un animal

toxina: sustancia que provoca una enfermedad o la muerte

traicioneros: no dignos de confianza o peligrosos

veneno: sustancia producida por algunos animales para matar o herir a otros por mordedura o picadura

vesículas: compartimentos huecos que contienen líquidos o gases

zarcillos: partes en forma de hilo de algunas plantas

Índice

Bibliografía

Berkenkamp, Lauri. *Discover the Amazon: The World's Largest Rainforest.* **Nomad Press, 2008.**

Aprende a encontrar su camino por la selva, buscar refugio y alimento. Adquiere nuevas habilidades como leer las huellas de animales, hacer una lanza para pescar y construir una balsa para el equipo. También aprenderás la historia y la ciencia de la selva y conocerás las plantas y animales que viven en el Amazonas.

Castaldo, Nancy F. *Rainforests: An Activity Guide for Ages 6–9.* **Chicago Review Press, Incorporated, 2003.**

Explora las diferentes capas de la selva a través de más de 50 juegos, actividades y experimentos. Las actividades incluyen la plantación de un jardín de mariposas, la construcción de un teatro del libro de la selva y la creación de un terrario.

Eamer, Claire. *Super Crocs and Monster Wings: Modern Animals' Ancient Past.* **Annick Press, 2008.**

Conoce a los antepasados de criaturas de hoy en día, tales como el deinosuchus, que está relacionado con el cocodrilo moderno. Ve las coloridas ilustraciones de animales antiguos y aprende cómo los científicos descubrieron las conexiones entre los animales del pasado y del presente.

Green, Jen. *Revealed Rainforest.* **DK Publishing, 2004.**

Descubre las maravillas de la selva tropical en este libro. Páginas con transparencias revelan los peligros ocultos en el suelo del bosque, las trampas de insectos, plantas asesinas y los secretos de los mayas.

Más para explorar

Animal Bytes: Tropical Rainforest

http://www.sandiegozoo.org/animalbytes/e-tropical_rainforest.html

Conoce a las criaturas de la selva, desde casuario y el gavial hasta el jaguar y la rana venenosa. *Animal Bytes* del zoo de San Diego incluye mapas que muestran dónde se puede encontrar cada animal, datos curiosos, fotos e información sobre su conservación.

Kids Monga Bay

http://kids.mongabay.com/

Aprende sobre los animales de la selva, las plantas y las personas. Descubre la importancia de los bosques tropicales, por qué están desapareciendo y cómo los podemos salvar. También puedes seguir las aventuras Mongy, la Rana de la Bahía. En el camino también conocerás a Ringo el orangután y al mono narigudo Ethan.

Kids Saving the Rainforest

http://www.kidssavingtherainforest.org/

Kids Saving the Rainforest es una organización sin ánimo de lucro fundada por dos niños de la selva tropical de Costa Rica. Visita este sitio para aprender más sobre animales de la selva, leer las últimas noticias sobre la selva tropical y descubrir cómo puedes ayudar a salvar estas preciosas zonas.

Passport to the Rainforest

http://passporttoknowledge.com/rainforest/main.html

Este sitio ofrece mapas de colores y gráficos que muestran cómo las selvas tropicales desempeñan un papel en el planeta como un todo. También conocerás a investigadores y equipos de filmación que trabajan en la selva. Sus diarios de campo y notas de corresponsales estudiantiles te llevarán directamente al corazón de la selva tropical.

Acerca del autor

Timothy J. Bradley creció cerca de Boston, Massachusetts y pasaba todo su tiempo libre dibujando naves espaciales, robots y dinosaurios. Era tan divertido hacerlo que comenzó a escribir e ilustrar libros sobre historia natural y ciencia ficción. Tim también trabajó como diseñador de juguetes en Hasbro, Inc. y diseñó dinosaurios de tamaño natural para exposiciones de museo. Tim vive con su esposa y su hijo en el sur de California, un hermoso desierto seco lejos de los horrores del trópico.